Pierre de Coubertin

Où va l'Europe ?

Essai

ISBN : 978-1546992387

10 9 8 7 6 5 4 3 2 1

Pierre de Coubertin

Où va l'Europe ?

Essai

Table de Matières

Avant-Propos

*Il y aura bientôt vingt-cinq ans — la dernière année du XIXe siècle — notre confrère l'*Indépendance belge *confiait à Pierre de Coubertin la mission de faire une enquête sur l'Avenir de l'Europe. En ce temps-là, M. de Coubertin n'était pas encore absorbé, comme il l'a été depuis, par la direction de l'olympisme. L'olympisme était une petite plante naissante sur laquelle on se penchait curieusement et que l'honorable M. Balfour déclarait impropre à vivre. Son fondateur prétendait tout simplement, lui, qu'elle ombrageât le monde ! Mais comme il n'était pas pressé, il employait ses loisirs à commenter les événements politiques et ses articles de tête dans le* Figaro, *chaque quinzaine, ne passaient point inaperçus. L'enquête sur l'Avenir de l'Europe provoqua d'assez vifs commentaires. Il en fut question au Parlement belge et à la Chambre hongroise. M. Th. Delyannis, premier ministre grec, sir Charles Dilke et d'autres encore envoyèrent à l'*Indépendance belge *leurs observations. M. de Coubertin avait envisagé son sujet du point de vue des dangers de guerre et il avait désigné quatre « points inflammatoires » qui étaient, d'après lui : l'impérialisme allemand, l'impérialisme anglais, le problème ethnique hongrois, le problème politique russe. Et il avait conclu que si le Bureau de la paix à La Haye s'organisait en « bureau météorologique », se bornant à inspecter l'horizon avec une inlassable vigilance, de façon à signaler le plus à l'avance possible chaque menace de tempête dès qu'elle se dessinerait, il y aurait des chances d'éviter un cataclysme. On doit reconnaître que les « points inflammatoires » étaient judicieusement diagnostiqués et il est permis de regretter que les pacifistes aient compris autrement leur mission et se soient bornés à prêcher des théories au lieu de dénoncer des réalités.*

Après un quart de siècle, il a paru à la Tribune de Genève *qu'il serait intéressant de recueillir une nouvelle consultation du même auteur sur le même sujet. M. de Coubertin n'a pas estimé que sa qualité de président d'une « Société des Nations » sportive où siègent des représentants de quarante-quatre nationalités du monde lui interdit d'avoir une opinion personnelle sur les événements politiques contemporains. Il a donc écrit les pages que nous allons, à partir de demain, placer sous les yeux de nos lecteurs.*

Pierre de Coubertin

Mais, comme la première fois, il a réclamé la plus complète liberté de langage et de pensée. La Tribune *est d'accord et ne devra donc pas être considérée comme faisant siennes les vues exposées dans ses colonnes par un collaborateur qui tient à revendiquer pour lui seul l'entière responsabilité de ses jugements.*

Introduction

L'Europe était le précepteur du monde. Elle devait cette situation à son passé historique et à sa culture. La voici en passe de la perdre. C'est que, au moment où ses élèves, prenant confiance en eux-mêmes, tendaient à s'émanciper de son enseignement, le précepteur a manifesté sa faiblesse morale et l'insuffisance de ses méthodes. Tel est l'effet de la guerre et de la paix récentes. Le prestige européen est-il donc irrémédiablement compromis ou bien peut-il être rétabli — et de quelle façon ?…

On s'étonnera sans doute que j'envisage sous cet angle unique les problèmes du jour et que je veuille délimiter de la sorte le terrain de mon étude. On ne parle aujourd'hui que de finances, de salaires, de production, de balances industrielles et commerciales. Il semble en effet que ce doive être là l'objet principal des préoccupations. Mais tout cela ne compose après tout que la figure d'une crise longue, redoutable, à péripéties tragiques peut-être… Comme toutes les crises, pourtant, celle-ci sera transitoire. Si, au contraire, l'Europe a perdu définitivement son emprise sur l'Asie, l'Amérique et l'Afrique, c'est l'histoire humaine tout entière qui prend une direction nouvelle, ce sont les peuples qui s'engagent sous des cieux inconnus, c'est une civilisation millénaire qui risque de s'effacer pour faire place à une autre dont nous ne saurions saisir de loin que cette unique mais inquiétante caractéristique : le chantier de construction serait immense, puisqu'il s'étendrait à la totalité de la planète, et les équipes de travailleurs disparates puisqu'elles comprendraient tous les hommes. Ce seraient là des faits inédits. Jusqu'ici les formules de civilisation sont nées autour de centres homogènes ou rendus tels par les circonstances. De là elles ont rayonné, conservant ainsi la logique de leur principe, leur puissance de conviction et leur organisation disciplinée. Qu'en

serait-il d'une humanité que personne ne présiderait plus ?...
La perspective est troublante. C'est celle en face de laquelle nous
sommes placés. Elle vaut qu'on y songe.

I. LE PRÉCEPTORAT MONDIAL

Dans la seconde moitié du XIXe siècle, l'Europe était, au regard
de l'univers, en possession de toutes les formes de supériorité.
Les aventures du début de ce siècle semblaient n'avoir été que de
fécondes secousses, vite oubliées, grâce auxquelles les acquisitions
du passé s'étaient trouvées vivifiées par des souffles novateurs.
L'Angleterre avait réparé ses précédents échecs coloniaux en
édifiant un empire polyforme d'une souplesse et d'une élasticité
surprenantes. L'Allemagne avait rénové l'art militaire et trouvé le
moyen d'identifier l'armée et la nation d'une manière qui ne s'était
jamais vue. L'Italie avait réalisé son unité avec un maximum de
rapidité et un minimum de violence tout à fait remarquables.
L'Autriche et la Russie décevaient les pronostics par la façon
dont elles savaient — la première annihiler en les neutralisant
les unes par les autres les oppositions de ses nationalismes rivaux
— la seconde combiner le souci du perfectionnement matériel
avec le maintien de son immobilité traditionnelle. Quant à la
France, après avoir, non sans tapage et ostentation, donné sous
Napoléon III la recette du « despotisme éclairé » aussitôt recueillie
et utilisée par ses vainqueurs, elle paraissait mettre sa coquetterie
à refaire maintenant sa fortune à l'aide des trois qualités dont on
s'était habitué à la croire incapable, la patience, le sang-froid et la
ténacité. Ainsi régnait en Europe un équilibre politique obtenu par
le dosage habile et sage de qualités et de conditions contradictoires.
Républiques et monarchies, grands et petits États, gouvernements
fédératifs ou unitaires constituaient les rouages complexes, mais
sûrs, de la machinerie générale.

D'autre part, la prospérité allait croissant sans cesse. La richesse
publique et privée s'augmentait avec une régularité de bon aloi.
Au point de vue moral, le christianisme, religion essentiellement
européenne, avait bénéficié, dans son ensemble, des longs pontificats
de Pie IX et de Léon XIII. Bien que l'ardeur de la foi fût plutôt

en décroissance, l'Église catholique en avait recueilli beaucoup d'honneur. La disparition de son pouvoir temporel l'avait fortifiée et son influence s'exerçait bien au delà du cercle de ses fidèles. L'Anglicanisme, parvenu à un vaste palier, sinon au sommet de son évolution, y avait trouvé le calme et s'y épanouissait, tandis que le protestantisme continental, libéré de ses entraves dogmatiques, ne craignait pas de rechercher les contacts rationalistes.

Dans le domaine des lettres et des arts enfin, la maîtrise de l'Europe ne pressentait même pas de rivalité possible. L'Europe était comme un musée perpétuellement enrichi par de nouvelles créations du génie. Le passé y dominait le présent sans l'écraser ; on eût dit qu'ils se nourrissaient et s'embellissaient l'un l'autre, donnant naissance à un esprit d'éclectisme inconnu jusqu'alors. Aussi de toutes parts cherchait-on à s'inspirer de la pensée européenne et se mettait-on à son école. L'éclosion romantique, la poussée wagnérienne, les découvertes d'un Pasteur... bien d'autres faits encore plaçaient au front de l'Europe comme un diadème inégalable.

À y regarder de près pourtant, on eût aperçu plus d'une fissure dans la façade du prestige européen. Et ce n'était point la menace d'une guerre qui les avait dessinées. Sur cette génération planait, en effet, l'utopie de la fécondité de la guerre. Qu'elle éclatât, ce serait un malheur à cause des victimes qu'elle ferait ; on devait donc s'efforcer de l'éviter. Mais qu'elle éclatât et ne se traduisît pas par quelque sursaut de fortune pour le vainqueur — sursaut dont finalement la collectivité tirerait profit — c'est ce qu'inconsciemment chacun jugeait impossible.

Les fissures étaient d'un autre ordre... La principale provenait d'un abaissement progressif de la valeur de l'individu par la spécialisation grandissante : phénomène très lent, très secret dont bien peu s'avisèrent ; et parmi ceux-là, certains constatèrent le fait sans en apercevoir la portée...

II. LES ÉLÈVES GRANDISSENT

Deux événements s'étaient produits.

Le Japon s'inclinant devant la supériorité de l'Europe en avait adopté les méthodes, complètement, sans restrictions. Grande victoire pour l'Occident ! grand ébranlement pour l'Asie. La pensée asiatique, elle, n'avait jamais fait adhésion volontaire. Elle subissait le prestige européen et jusqu'à un certain point elle en reconnaissait le bien-fondé mais, au fond d'elle-même, elle continuait d'en mépriser le principe : ce principe de l'autonomie individuelle si contraire à l'intellect panthéiste et communiste de la vieille Asie.

Le second événement, ç'avait été l'ascension prodigieuse des États-Unis dans le domaine du perfectionnement technique et de la production tangible. Désormais un des élèves dépassait le précepteur et marquait son avance sur lui.

Le précepteur sourit. Il ne douta ni de la sincérité totale de l'abdication japonaise ni du sens restreint de la suprématie américaine. Le gagner en richesse, en alignements de chiffres, en enregistrement de records d'activité, la belle affaire ! Cela empêcherait-il qu'il ne fût le premier par l'esprit et ne le restât, qu'il n'eût derrière lui des siècles d'affinement et ne fût l'héritier de biens qui ne s'achètent pas ? « Combien pensez-vous qu'il faudrait pour bâtir un pareil monument ? » demandait un homme d'affaires en contemplant un temple grec ruiné. « Deux mille ans », répondit l'archéologue qui le conduisait. Toute la sereine confiance que ressent l'Européen à l'égard de sa propre avance se reflète dans cette spirituelle réponse.

Sur ces entrefaites commencèrent d'opérer deux personnages inattendus : le milliardaire américain et sa femme.

Leur silhouette ne saurait être tracée en quelques lignes et d'ailleurs le sujet ne le comporte pas. Il était, lui, un gagnant de la vie. Ses succès étaient généralement hors de proportion avec ses mérites ; il semblait le reconnaître par sa façon de répandre l'argent. Ses innombrables fondations scientifiques ou charitables furent presque toujours intelligemment conçues et exécutées. Les universités, les bibliothèques, les institutions sociales du Nouveau Monde en reçurent la plus féconde impulsion. Ce ne fut malheureusement pas ce dont les Européens s'inspirèrent ; ils copièrent sa passion du gain, son esprit de domination, la rudesse de ses audaces mais non point l'ampleur de ses largesses ni son souci du bien public. Ainsi naquit ce type nouveau qui allait jouer un rôle de premier plan dans les événements prochains :

Pierre de Coubertin

le milliardaire européen : arriviste forcené, grisé par sa propre ambition, de plus en plus dépourvu de scrupules et confondant sa conscience avec son coffre-fort.

La femme de l'enrichi transatlantique (pour autant qu'elle fréquentât le vieux monde) y fit des ravages non moins considérables. Par elle s'installa la coutume du mouvement perpétuel en toilette d'apparat qui, au temps de la bonne société, eût semblé une double faute contre le goût. Par elle vinrent les bijoux arborés dès le matin et l'obligation de se « montrer » tout le long du jour partout où il y a la moindre chance d'être vue. Les hautes classes d'Europe se corrompirent avec une promptitude édifiante, ce qui les conduisit à gémir de la « démoralisation populaire ». Les petites mondanités engendrent volontiers de grandes conséquences. C'est le cas notamment quand la parade continue s'érige en obligation sociale. Rien ne provoque plus sûrement au vice et au mensonge.

De pareilles transformations, pour rapides qu'elles aient été cette fois, sont tout de même lentes à se révéler, sinon aux attentifs. L'opinion, la presse d'alors, préoccupées de romans et de scandales, n'y furent guère sensibles. Nulle voix ne protestait qu'isolément. L'Asie demeurait muette et soupçonneuse. L'Afrique indigène s'ignorait encore et à sa périphérie s'écrivaient çà et là, au Maroc principalement, des pages de saine colonisation.

L'Europe ne doutait donc point de la solidité de son préceptorat. Elle ne doutait pas surtout de la légitimité de ses titres à l'exercer.

III. LE PRÉCEPTEUR SE TROMPE

La guerre vint. Nous autres qui l'avons vue, ou vécue, nous dirons longtemps : *La guerre*. Il semble qu'il n'y en ait eu qu'une, la seule réelle, dont toutes les autres n'auraient été que de lointaines et pâles images. Et les arguments ne nous manquent pas pour établir que celle-là fut la plus longue, la plus terrible, la plus générale, la plus atroce… Doutons pourtant que cette façon de voir soit partagée par ceux qui regardent l'Europe de loin, même s'ils ont eux-mêmes participé au conflit. L'humanité a derrière elle un tel passé de batailles et de meurtres que la suppression violente de la vie lui apparaît comme un épisode normal de la vie même. L'histoire de l'Asie est un répertoire sans fin de guerres sanglantes, et nous apprenons maintenant que l'histoire intérieure de l'Afrique, pour s'être déroulée de façon beaucoup moins illustre, n'a pas été très différente ! En Amérique, il n'y a pas si longtemps qu'on s'est battu. La guerre de Sécession, la guerre du Paraguay, pour ne citer que les plus modernes, ont été de terribles déchirements... Il est vrai que la civilisation européenne s'efforçait, en paroles tout au moins, d'arriver à une ère de paix durable, mais ce n'est pas la contradiction entre les paroles et les faits, ce n'est pas l'explosion d'une lutte armée au centre de l'Europe qui ont atteint notre prestige, c'est la façon dont la lutte a été préparée, conduite et clôturée. Telle est la source du sentiment de désillusion et de méfiance qui, sous des formes et avec des modalités diverses, est né et va se développant en Asie, en Afrique et en Amérique.

Désillusion et méfiance. Pour les bien comprendre, il faut nous départir de notre qualité de myopes. Nous sommes là, penchés sur des événements au centre desquels nous étions placés. Les autres, du jugement de qui nous nous inquiétons en ce moment, sont des presbytes. Il nous faut donc neutraliser notre myopie, pour ainsi dire, et tâcher par réflexion de voir comme eux. À cette distance, la cathédrale de Reims et les Halles d'Ypres, les torpillages inhumains et même les camps de représailles n'ont pas le relief que nous pensions. Par contre, des constatations se dessinent auxquelles nous ne prenions pas garde : deux surtout qui auront des conséquences considérables. Et la première, c'est qu'en Europe tout le monde s'est trompé ; personne n'a rien su comprendre à temps ni estimer ni juger, ni déduire, ni calculer. Maladresses de gouvernants, maladresses de diplomates, maladresses de généraux même ; toutes les appréciations se sont trouvées fausses et, pour les compenser, il a fallu improviser : c'est le grand mot de la guerre, le système D, comme disait le troupier français. Mais cette improvisation dont les États-Unis ont le droit de s'enorgueillir, elle est singulièrement peu flatteuse pour l'Europe. Voilà l'Allemagne qui préparait la guerre depuis quinze ans pour le moins (personne ne peut sérieusement le nier et d'ailleurs elle le faisait assez ostensiblement !) Elle manque son coup en Belgique, en Angleterre, en Italie. Il apparaît que ses chefs ignoraient tout de la force civique française. Au fait ils n'étaient renseignés un peu exactement que sur la Russie. La Russie, par contre, était une inconnue aussi bien pour la France, son alliée de vieille date, que pour l'Angleterre, si longtemps sa rivale aux portes de l'Inde. Aussi vit-on les Anglais la pousser à l'abîme en croyant travailler pour elle, et les Français ne rien savoir tenter pour l'empêcher d'y tomber. Quant aux États-Unis, ils n'étaient compris par personne. On s'égara à leur sujet, qu'il s'agît de leurs ressources ou de leur mentalité. Les Alliés se firent rouler par les Bulgares, comme ils s'étaient fait rouler par les Turcs, et leur conduite à l'égard de la Grèce fut l'incohérence même. Leurs adversaires, eux, trébuchaient à chaque instant dans leurs propres pièges. De part et d'autre on organisa une « propagande » qui d'un côté ne fut pas fort honnête, mais qui, de l'autre, fut souvent burlesque. Et l'on peut se dire que dans les deux cas les propagandistes ont plutôt travaillé contre les intérêts qu'ils voulaient servir.

Alors ?… Alors, tout cela n'est pas très reluisant à l'actif de l'intelligence européenne, de ses procédés de compréhension et d'exécution. Mais il y a encore autre chose.

IV. AIDÉS ET MÉCONTENTS

Et voilà ce qu'il y a. Cette guerre, si elle a ressemblé sous bien des rapports aux guerres précédentes, a, sur un point, présenté une singularité inattendue. C'est le rôle qu'y ont joué les masses : non plus un rôle passif comme lorsqu'elles se faisaient tuer docilement par ordre et discipline, mais un rôle actif, on oserait presque dire un rôle directeur. D'une façon générale, elles n'en avaient pas voulu, de la guerre ; consultées, elles l'eussent rejetée à une immense majorité. Jamais guerre à cet égard ne fut moins populaire. En Allemagne on avait fanatisé l'opinion en lui présentant d'immenses profits au bout d'un faible et bref effort. Mais ce fanatisme-là tomba tout de suite. Les peuples cependant ne désertèrent pas. Pour la cause bonne ou mauvaise, ils luttèrent avec une volonté tenace et réfléchie, les soldats au front, et les civils à l'arrière. L'arrière, mot non point nouveau, mais qui jamais n'avait revêtu une pareille signification dans une période belliqueuse. Et l'on tint, parce que la foule et l'élite, soudées ensemble volontairement, mirent en commun leurs ressources, leurs pensées et leurs énergies. Par là se trouva franchie, en quatre ans, dans la voie égalitaire, une étape gigantesque.

Cette égalité eut son symbole qui fut la « carte de pain ». Elle semble aujourd'hui entrée dans l'oubli ainsi que ses sœurs, les cartes de charbon, de lait, de sucre... mais qu'on ne s'y trompe pas, ces petits chiffons de papier représentent la plus forte leçon de choses que l'opinion ait reçue depuis des siècles. Ils ont joué leur rôle sans accrocs ni déceptions. On leur doit le salut des civils et des neutres. L'empreinte laissée par eux sera ineffaçable, parce qu'ils évoquent un fait dont la simplicité est accessible à tous. À l'heure du péril, c'est une institution égalitaire qui est venue au secours des victimes de la catastrophe provoquée par le ploutocratisme.

Que cela soit exact ou non (du moins à pareil degré), peu importe. Évidemment on peut en disputer. Mais nous cherchons à savoir où en est le prestige de l'Europe et, pour cela, à déterminer les angles de vision sous lesquels les non-Européens apprécient les événements récents. Or voici deux conclusions à prendre en considération : la guerre, vue de loin, a accusé de médiocres méthodes psychiques et techniques, puisque tout a tourné au rebours des prévisions. D'autre part, elle a obligé le privilégié, le dirigeant, le maître à composer pour sa propre sauvegarde avec l'inférieur jusqu'ici dédaigné. Notons ce dernier point, nous le retrouverons plus tard.

Que dire de la paix ? Sur place, on l'a très vite jugée boiteuse, on a soupçonné de vilains marchandages, on n'a pas compris surtout que la Belgique et la Serbie ne fussent pas au premier rang des négociateurs... De loin, le spectacle était différent. Le triumvirat composé d'un chef d'État et de deux premiers ministres, renommés tous trois, l'emportait en prestige sur tout aréopage diplomatique. La France parut payée par la reprise de l'Alsace-Lorraine, l'Angleterre par l'agrandissement de ses possessions africaines, l'Italie par ses annexions adriatiques. La Pologne, la Finlande, la Bohème rendues libres, les populations danoises, serbes, grecques émancipées du joug étranger et restituées à leurs mères patries, tout cela complété bientôt par l'émancipation de l'Irlande et de l'Égypte, l'Allemagne enfin, privée de ses instruments d'agression, sa flotte cédée à l'Angleterre et son armée licenciée, que fallait-il de plus ?

Pierre de Coubertin

N'étaient-ce pas là des résultats ? Et l'Amérique, l'Asie, l'Afrique, dont les troupes retournaient chez elles sans y rien rapporter que des remerciements, pas toujours suffisants, commencèrent de s'indigner contre l'Europe. Bien surfaite, décidément, cette Europe ! Elle s'était mise dans un mauvais cas et n'avait pas su s'en tirer. Il avait fallu, de partout, lui venir en aide, et maintenant qu'on lui avait procuré tout ce qu'elle désirait, elle trouvait encore moyen de se plaindre !

Ne nous indignons pas. Tâchons de comprendre et surtout de tenir compte de nos dimensions… vues de là-bas.

V. LES AMÉRICAINS POUR L'AMÉRIQUE

Ce qu'on pourrait appeler l'« insularisme » américain ne date pas d'hier. Washington par son célèbre testament, Monroë par sa retentissante « doctrine », ont, en somme, mis leurs compatriotes en garde contre l'Europe, les incitant à ne compter que sur eux-mêmes. Et ce n'est pas la guerre de Sécession, non plus que l'aventure impérialiste au Mexique qui ont pu agir sur eux en sens contraire. L'Amérique a toujours pensé qu'elle se suffirait à elle-même et — il faut bien l'avouer aussi — qu'elle pourrait un jour tout faire mieux que les autres. Le seul point peut-être sur lequel un doute à cet égard dut persister dans son esprit, c'était l'art militaire. Les grands capitaines européens lui semblaient l'avoir porté à l'apogée et, aussi bien, l'époque moderne se détournerait de plus en plus de l'activité guerrière. Les victoires américaines de 1898, pour faciles qu'elles aient été, n'en modifièrent pas moins cet état d'esprit. Aux États-Unis on les trouva géniales. Mais de là à entreprendre l'effort colossal que comportait la participation à la lutte engagée en Europe contre l'Allemagne, il y avait loin. Aussi, lorsque les Américains, soulevés, quoi qu'on en ai dit, par un de ces grands sursauts d'idéalisme qui traversent leur histoire, décidèrent de se préparer à cette tâche, ils le firent avec un séduisant mélange de résolution et de modestie. Jamais leur physionomie virile n'avait revêtu un aspect plus sympathique. La vaillante entreprise fut couronnée d'un plein succès. Ils établirent un record. La formation et l'entraînement des armées, leur transport au delà de l'Océan, leur utilisation méthodique et robuste, tout cela demeure la merveille de la guerre. Mais combien différentes de celles de l'Europe, ces armées ! Combien différentes cette discipline, ces relations entre officiers et soldats ! C'était comme un autre militarisme qui se dressait à côté de l'ancien et se montrait capable de l'égaler et de le remplacer au besoin. Ainsi s'évanouit le dernier doute que les Américains conservassent sur la supériorité de leurs formules. Quand ils rentrèrent dans leurs foyers, déçus, non pas par la confraternité d'armes mais parce que le résultat qu'ils s'étaient inconsciemment proposé — américaniser le vieux monde — n'était pas atteint, la nation commença de se replier sur elle-même.

Et cela se traduisit aussitôt par un abandon de la politique « transversale » et un retour à la politique « longitudinale ». Ouvrez l'atlas et regardez le planisphère. Les raisons géographiques qui conseillent la première y sont clairement inscrites. Liverpool, Brest ou Lisbonne se trouvent autrement rapprochés de New-York que Rio ou Buenos-Aires. Mais que l'isthme de Panama soit percé et les raisons politiques et historiques sur lesquelles s'appuie la seconde se trouvent renforcées par des possibilités nouvelles. Le Panaméricanisme y puise une grande force. Et, en effet, le voici qui se ranime. Il n'était jamais mort. James Blaine lui avait, en 1889, insufflé une énergie féconde. Depuis, le canal a été ouvert à la circulation. La guerre de 1898, la période d'Algésiras, l'ère d'hostilité contre le Japon avaient détourné l'attention, mais tout cela a passé ou s'est atténué. Et, finalement, si le plan « transversal » cause des déboires, coûte cher, rapporte peu, pourquoi ne retournerait-on pas à ce plan « longitudinal » dont il semble que Washington, s'il vivait encore, conseillerait l'adoption de préférence à l'autre ? Le Panaméricanisme n'est-il pas la vraie mission des États-Unis ?

Comment réagiront les États Sud-Américains ? Toute la question est là. Il n'est pas dit du tout qu'ils se croient humiliés ou lésés par la perspective d'une sorte de présidence du Nouveau Monde, dévolue à l'oncle Sam. Cet arrangement ne serait point sans avantages pour eux. S'ils s'en laissent persuader, l'entente pan-américaine se scellera, et ce sera une de ces ententes indéfinissables dans lesquelles les intérêts et les pensées, la culture et la finance s'associent pour tisser des liens souples et résistants.

Pierre de Coubertin

VI. LE TRIOMPHE DE L'ASIATISME

Il fut un temps où le « péril jaune » nous alarmait. C'était le croquemitaine. Car les peuples, comme les enfants, ont besoin de jouer parfois au croquemitaine. Maintenant que le péril jaune existe réellement, on n'en parle plus. Entendons-nous toutefois : ce n'est pas du même péril qu'il s'agit. Celui d'hier se présentait sous la forme d'une invasion rappelant les nuées de sauterelles. Il était numérique. On additionnait les peuples jaunes, on les voyait se jetant sur l'Europe. On se sentait déjà mangés par leur activité. Or, les jaunes ne sont pas des sauterelles. Ce sont des êtres pensants. Leur pensée est même l'une des plus vieilles du monde et, par conséquent, fort prestigieuse. Ce n'est pas leur capacité — problématique — d'action qui nous menace, c'est leur pensée. Qu'elle soit constructrice, cette pensée asiatique, nous ne le savons pas. Elle l'a été dans le passé ; ce n'est pas une raison pour qu'elle le soit de nouveau dans l'avenir. En tout cas, vis-à-vis de la civilisation européenne, elle est destructrice et dissolvante au plus haut degré, car elle déteste et elle sape ce qui en constitue la base, à savoir : l'individualisme. Plus d'individualisme moral et social, plus d'Europe.

Nous venons de voir le repli de l'Amérique sur elle-même, conséquence de la guerre. C'est un repli politique, si l'on peut dire. L'Amérique n'en restera pas moins demi-européenne par filiation. Si elle s'isole, elle développera un système distinct, mais il restera toujours pénétré, ce système, d'influences européennes. Ici, il en va tout autrement. Comme nous le disions plus haut, l'Asie, en voyant le Japon s'européaniser — et bien que ce fut plus apparent que réel — s'était sentie troublée, presque ébranlée un moment dans sa croyance. Après tout, une civilisation se juge par ses résultats et il faut avouer que la civilisation européenne avait alors un bel actif à étaler. L'Asie n'en demeurait pas moins hostile, mais son hostilité resterait passive et, qui sait ? peut-être à la longue finirait par s'atténuer.

N'y comptons plus. La guerre apparaît aux yeux des jaunes comme une faillite providentielle, faillite de nos principes, de nos prétentions : faillite de notre morale, de nos organisations politiques et même de nos méthodes techniques. L'Europe, pensent-ils, s'est montrée non moins capable d'injustice, de barbarie, de passions déréglées que les races « inférieures », objets de ses dédains. Désormais la preuve est faite. Sa civilisation en forme de machinerie où le rôle de l'homme se borne à servir de bielle ou de courroie de transmission, sa civilisation est jugée. Et dans cette constatation, il n'y a rien de bien haineux, car l'âme asiatique, au fond, n'entretient pas la haine, mais il y a du mépris, beaucoup de mépris, et aussi la joie de ne s'être pas trompés, de se dire qu'on avait raison de demeurer méfiants et de repousser la mauvaise formule.

Alors un rêve grandiose s'est construit dans les cerveaux d'Extrême-Orient. Là où l'Europe a échoué, pourquoi l'Asie ne réussirait-elle pas ? À elle de gagner l'univers à ses idées, de lui apporter la paix de l'âme, le sens de la communauté. L'Asie s'agite autour de ce rêve qui est sans valeur positive, car pour beaucoup de motifs trop longs à exposer ici, il n'a point de chances d'aboutir, mais dont la puissance négative est indéniable en ce qu'il suscite, groupe et entretient toutes les tendances antieuropéennes. Et cela alors que les sanglantes aventures bolchéviste et kémaliste ont dressé entre l'Europe et l'Asie la plus terrible des barrières. À l'heure actuelle, la Finlande, la Pologne et la Roumanie sont les États frontières de l'Europe. Un jour, la barrière tombera. Que trouvera-t-on derrière ? Un morceau d'Europe à réannexer ou bien l'Asie irréductible représentée par des avant-postes définitifs ? Cela est fort possible. La vague que nous avons vu déferler brutalement en Russie et en Turquie est soutenue par une houle qui vient de bien plus loin. Le vent qui l'a formée souffle contre l'Europe.

VII. EN AFRIQUE, ON S'INTERROGE...

Les Africains, eux, ne voient pas si loin. D'abord qu'est-ce qu'on entend par ce mot : Africains ? Quand nous regardons une carte de l'Afrique d'il y a cent ans et une carte actuelle, sur l'une on voit du vide et sur l'autre du trop plein. Elles sont fausses toutes les deux. Nos pères croyaient que l'Afrique ne comprenait que des déserts et quelques nègres. Nous nous imaginons par contre que, pour nous l'être partagée gravement dans une série de congrès, son sort est fixé ; et comme nous ne lui connaissions pas d'histoire dans le passé, il ne nous paraît pas du tout nécessaire qu'elle en ait dans l'avenir. Certes ces races qui se développent en haut et en bas du vaste continent, la franco-algérienne et l'anglo-boer, ne seront pas négligeables ; croisements précieux du sang français et du sang anglais avec l'arabe, le berbère ou le hollandais, elles semblent devoir donner de robustes et résolus échantillons d'humanité. Le rôle de ces races, on peut le prédire, influera sur tout le continent mais que leurs effectifs seront réduits au regard de cette multitude immense — bien plus nombreuse qu'on ne le croyait encore il y a trente ans — qui occupe tout le centre de l'Afrique et déborde sur les pourtours : multitude à laquelle on ne donnait jadis qu'un nom : les nègres, et qu'on divise et subdivise aujourd'hui en une infinité de tribus comme pour se prémunir contre la possibilité d'une entente et d'une action communes de leur part.

Ces hommes ont été représentés à la guerre. Ils s'y sont admirablement comportés et y ont fait preuve de qualités insoupçonnées, sinon de ceux qui les connaissaient de longue date. Une poignée de combattants sans doute, par rapport à l'ensemble de la population noire. Mais l'Afrique est une terre étrange. Tous ceux qui en ont l'habitude savent avec quelle rapidité les nouvelles, les appréciations s'y transmettent : si bien qu'une opinion s'y forme beaucoup plus prompte et plus *unifiée* qu'on ne devrait s'y attendre.

Or d'un bout à l'autre de cet immense réservoir d'hommes, on est aujourd'hui en possession d'une « vue d'ensemble » de la guerre. Et cette vue se résume aussi en désillusions. Et elle aboutit aussi à formuler des revendications… Lesquelles ? Oh ! bien imprécises, bien générales ! Mais que, en si peu de temps, un mouvement panafricain ait pu se dessiner, que ce mouvement soit soutenu par de nombreux agitateurs locaux, que l'un d'eux ait osé faire entendre, à Chicago, des paroles menaçantes pour le cas où les blancs continueraient de traiter les noirs en serviteurs-nés de leurs entreprises ou de leurs ambitions, cela doit nous rendre attentifs…

Ainsi voilà où ils en sont aujourd'hui, les élèves du pauvre précepteur. Les uns s'encouragent à rester chez eux, dans leur maison qui est à leur avis la plus belle, la plus spacieuse et la plus confortable de l'univers. Ce sont les Américains. Les autres critiquent ouvertement les enseignements reçus et ils pensent avoir une autre morale, une autre conception de la vie, beaucoup plus nobles, beaucoup plus fécondes à substituer aux nôtres. Ce sont les Asiatiques. Enfin, les troisièmes, les Africains, menacent d'aller faire l'école buissonnière si on ne leur promet pas qu'ils seront désormais traités en égaux, en hommes libres, en citoyens du monde.

VIII. ON NE PEUT POURTANT PAS SE PASSER DE L'EUROPE !...

C'est elle qui le dit. Ce sont surtout ses « intellectuels ». Et ils sont de très bonne foi. Ils se tiennent pour les seuls guides, les seuls incitateurs de la pensée universelle et conçoivent qu'en dehors de leur action tout soit ombre et crépuscule. Ils ont raison en ce qu'il en fut ainsi, mais ils ont tort en ce qu'il n'en est plus ainsi. Les motifs du changement sont doubles. D'abord leur propre valeur a tant baissé qu'ils ont souvent atteint la médiocrité et que la majorité d'entre eux, même, n'en sont plus sortis. Ensuite, le reste du monde est désormais équipé pour penser par soi-même. L'un et l'autre phénomènes paraissent avoir échappé à l'opinion européenne.

Les causes de la décadence littéraire et artistique de l'Europe depuis trente ans sont évidemment nombreuses. Il faudrait toute une étude pour les élucider. Probablement la principale de ces causes est dans le fait que « l'homme de lettres » a pris l'habitude d'être admiré pour sa profession plutôt que pour son talent. Il est devenu un objet de salon, un centre de snobisme ; il fait partie essentielle des futilités mondaines, ce qui implique que son temps soit très pris et que son jugement ne soit plus très sain. La mondanité a envahi plus ou moins la retraite jadis solitaire du travailleur intellectuel. Académiciens, journalistes, romanciers, critiques, poètes (s'il en reste) sont maintenant mêlés aux niaiseries quotidiennes de la vie des sots. Il n'est pas jusqu'aux professeurs en renom dont l'enseignement ne risque d'être déformé par l'atmosphère dans laquelle il se donne. Quant aux artistes, ils n'ont plus qu'à choisir entre trois alternatives : une veine improbable, la misère ou un « dadaïsme » quelconque.

Pierre de Coubertin

On trouvera ce tableau forcé. Il l'est en quelque manière. Non pas seulement au point de vue individuel, par les exceptions nombreuses qu'on peut citer, mais au point de vue régional. Il y a tel et tel pays qui ont réussi à échapper à la gangrène. Malheureusement, ce sont de petits pays. L'inspiration y est handicapée par le fait du langage qu'on y parle et qui n'est pas compris hors des limites d'un territoire restreint. C'est donc assez que Paris, Londres et la plupart des autres capitales ou métropoles soient atteintes pour que le sort intellectuel de l'Europe s'en trouve fixé.

Pendant ce temps, ailleurs, les foyers de culture se sont multipliés. C'est une des caractéristiques fondamentales, bien que trop souvent inaperçues du dernier quart de siècle. L'intellectualisme en général ne se développe pas spontanément, à la manière des plantes sauvages. Ceux auxquels « ça est venu en écoutant chanter le roussignol », comme le brave Provençal d'Alphonse Daudet, ne sont jamais nombreux. L'intellectualisme d'une nation suppose des jardins bien dessinés et bien entretenus. De tels jardins, il n'y en avait jadis qu'en Europe. On venait s'y cultiver ou bien on en recevait graines et boutures. Maintenant, il y en a partout. Nous autres, en Europe, nous en connaissons à peine les emplacements et les noms. En tous cas, nous ne croyons pas à la fécondité de leur sol, à leur puissance inspiratrice. Nous jugeons bonnement que l'apprenti penseur doit s'y sentir en exil et qu'il y rêve de Florence ou d'Oxford ! Quelle erreur naïve ! Voyons, tâchez donc de vous représenter ce que peuvent être les aspirations et les rêveries des jeunes qui étudient, par exemple, en Californie, sous les cloîtres splendides de l'université de Palo Alto, ayant à leurs pieds le grand océan semé de terres lumineuses, éparses sur le rivage les ruines des vieilles missions espagnoles et derrière, sur la Sierra, la silhouette de ce château-fort de la science qu'est le grand observatoire de Lick ; ou bien dans le Sud-Afrique, entre l'énigme de Zimbabwé et le tombeau surprenant des monts Matopo où dort Cecil Rhodes ; ou bien dans cet Extrême-Orient qui a touché avant nous à tous les aspects du désenchantement philosophique et dont les productions littéraires ont su atteindre un degré de modernisme raffiné que les plus compliqués de nos auteurs ne dépasseront jamais.

Partout il y a du passé à exhumer, de l'avenir à construire, d'immenses horizons à contempler : horizons au milieu desquels les personnages et les idées d'Europe font parfois assez pauvres figures.

IX. FORCES AFFAIBLIES OU DILUÉES

De quelque côté qu'on se tourne, on voit que les forces sur lesquelles reposait la prépondérance de l'Europe ont subi une transformation profonde. Les unes se sont affaiblies sur place ; d'autres se sont dispersées et comme diluées à travers le monde. Prenons par exemple l'idée catholique, qui était assurément demeurée une des bases de l'Europe. L'incapacité du Saint-Siège à prononcer au cours de la guerre les condamnations les plus attendues, comme celle qu'eût dû provoquer de sa part la violation de la Belgique, — cette incapacité qui a surpris et ému même dans les milieux non catholiques, n'a-t-elle pas diminué la force d'attraction de l'Église romaine ? Nous le saurons plus tard, car ces conséquences-là ne deviennent visibles qu'après un certain temps. Mais admettons qu'il n'en soit rien. Les branches exotiques de cette Église et principalement la branche nord-américaine n'en sont pas moins désormais des filles majeures avec les tendances et le particularisme desquelles il faudra de plus en plus compter.

Prenons encore la forme monarchique. Elle dominait en Europe. Elle s'est révélée dangereuse ici, impuissante là. Nul ne peut nier que si Guillaume II et François-Joseph avaient été détrônés dix ans plus tôt, la guerre n'eût pas eu lieu, et l'on sait que si Georges V avait eu la liberté de faire à temps le geste désirable, il l'eût empêchée d'éclater. Le prestige royal n'est pas en cause, car si le départ bourgeois des vingt-deux princes allemands chassés de leurs palais en a totalement manqué, on peut répondre que la vaillance d'Albert Ier et la noblesse d'âme de Nicolas II suffisent à contre-balancer l'effet de cet événement : mais il est important de noter que les deux gouvernements les plus solides, l'un à conduire le conflit, et l'autre à le restreindre, ont été deux républiques : la France et la Suisse, et il faut rendre justice à la sagesse prudente de la seconde, malgré qu'elle ne puisse naturellement se comparer à la magnifique fermeté de la première. Le régime républicain s'est partout trouvé à la hauteur des circonstances. Aussi, au lieu de trois républiques que renfermait l'Europe au moment de la guerre, elle en compte neuf en ce moment, sans parler des États encore en formation.

L'Europe se distinguait aussi par ses aristocraties. On avait bien supprimé la plupart des hérédités de droit, mais elles subsistaient en fait ; une famille, une fois élevée, recevait de l'opinion et des institutions les plus grandes facilités pour se maintenir parmi les privilégiés. Nous avons déjà vu avec quelle rapidité s'était dessinée, dès le début du XXᵉ siècle, la corruption croissante des aristocraties européennes. La guerre eût pu leur être une salutaire secousse, mais il n'en fut rien. Elles firent en général preuve de bravoure, d'une bravoure toutefois qui s'efface quelque peu devant celle des humbles mourant héroïquement, sans savoir assuré le sort des leurs ! La bataille terminée, la danse des passions viles a repris de plus belle autour du veau d'or. L'idole, plus que jamais, fut adorée et encensée. Il y a toujours une détente après les grands efforts nerveux et cela est normal et sain. Mais la bacchanale actuelle n'est pas une détente. C'est simplement le signe d'une morale épuisée, l'aveu d'une société qui s'abandonne.

Si la suprématie européenne devait être rétablie, il semblerait donc impossible qu'elle pût l'être avec les éléments sur lesquels elle s'était appuyée jusqu'ici. Formules gouvernementales, vie religieuse, force armée, diplomatie, outillage, production intellectuelle, presse, législation… on chercherait en vain la possibilité de faire accepter désormais par les autres parties du monde l'idée d'une supériorité quelconque de notre part sur aucun de ces points. Aussi plus on ira, moins elles seront consentantes à recevoir les enseignements de l'Europe. Mais il pourrait en être autrement s'il surgissait un ordre de problèmes encore inabordés, d'un intérêt à peu près universel et vers la solution desquels l'Europe s'orientât avec vigueur et décision. Alors elle aurait chance peut-être d'être appelée à nouveau à tenir le gouvernail. Or un tel ordre de problèmes existe : ce sont les réformes sociales.

X. COOPÉRATION ARCHITECTURALE

Depuis assez longtemps, l'opinion évolue vers l'acceptation du principe des réformes sociales. Elle a suivi, pour s'y acheminer, une double route : l'une directe mais lente, celle de la conscience — l'autre indirecte et plus rapide, celle de la crainte. Que l'inégalité soit une loi de nature, personne n'y saurait raisonnablement contredire, mais est-il légitime que les rouages publics — civils et même religieux — soient montés de façon à travailler dans le sens du maintien, voire du renforcement des privilèges ? Voilà la question dont peu à peu la conscience moderne s'est alarmée. Ce qui calmait ses inquiétudes à cet égard, c'était la notion de l'impossibilité d'une modification efficace de l'état de choses existant. Pour substituer, en effet, avec quelque chance de succès un régime à tendances égalitaires au régime individualiste inégalitaire sous lequel les statistiques accusaient une courbe ascendante de richesse, il eût fallu que ladite substitution coïncidât avec une augmentation de la production ou, tout au moins, qu'elle n'entraînât point de diminution de rendement. Or il se pouvait qu'à la longue, et une fois apaisées les secousses inséparables d'une pareille révolution dans les mœurs et les habitudes, le niveau se rétablît ; mais une crise fatale devait être traversée par le pays assez hardi pour tenter l'aventure ; et pendant cette crise, la situation économique de ce pays devait être en état d'infériorité par rapport à celle des pays voisins et rivaux. Comment admettre d'autre part l'éventualité d'une conversion simultanée des différents pays ?... Or c'est cette simultanéité, précisément, que la guerre a rendue possible. Car aucun gouvernement n'est aujourd'hui entièrement libre de ses actes. Des « internationales » se sont forgées qui les ligoteront de plus en plus fortement. Ces « internationales » sont violemment opposées les unes aux autres, car elles reposent d'aplomb sur le principe de la lutte des classes. Leurs dirigeants sont presque tous des « sans-patrie » au sens réel du mot, et les ploutocrates encore plus que les prolétaires, tant ils se montrent incapables de subordonner leurs intérêts de classe au bien général. Entre ces deux catégories extrémistes, se tiennent les masses profondes qui vont de l'ouvrier attaché à son travail quotidien et l'aimant, au possesseur d'une de ces fortunes moyennes qui assurent la sécurité et même le bien-être, sans permettre pourtant ce gaspillage fantaisiste, insolent et stérile qui devient de plus en plus la manière de dépenser des gens trop riches.

Pierre de Coubertin

C'est dans ces milieux-là que devront se recruter les architectes du nouvel État social si l'on veut qu'il ait quelque solidité et quelque durée. Cela paraît, à l'heure actuelle, assez invraisemblable. On ne voit pas le prolétaire raisonnable et le rentier moyen associant leurs efforts. Cela peut pourtant se produire, et c'est le seul « way out » de la situation paradoxale engendrée par la guerre, comme c'est aussi la seule chance pour l'Europe de reprendre la direction générale du progrès et de la civilisation.

Est-il besoin d'ajouter que l'on n'y parviendra qu'à condition de consentir, de part et d'autre, de sérieux sacrifices ? Et ils seront, ces sacrifices, de mérite inégal, car l'ouvrier aura surtout à abandonner des espérances utopiques, tandis que le rentier devra, en bien des cas, renoncer à une part de bonnes réalités tangibles. Mais au sentiment de sa conscience, qui s'est éveillée bien plus qu'on ne le croit à la notion de la justice sociale, se joindra la crainte de voir éclater, si nulle entente ne survient, un cataclysme près duquel celui dont nous émergeons n'aurait été qu'un jeu d'enfants.

XI. DANS LE JARDIN DE TARQUIN

Le traité à conclure devra porter sur trois points principaux. Le premier de ces points a trait à la propriété. Il faut que le prolétariat en accepte le maintien, et les privilégiés, la limitation. Hors de là, point de salut. C'est, de nos jours, l'alpha et l'oméga de toute paix sociale. Il est assez probable que, plus tard, on trouvera très surprenante la liberté actuellement laissée aux citoyens plus intelligents, plus actifs ou plus favorisés par la chance, d'accumuler entre leurs mains autant de richesse qu'ils réussissent à en capter. On se demandera comment l'ordre public pouvait subsister avec un pareil principe, mais, de nos jours, au contraire, la propriété est constituée en dogme et il faut un effort d'esprit pour que ceux qui la détiennent consentent à la séparer de la morale.

La propriété n'est pas un dogme, mais c'est une nécessité. Sauf, bien entendu, dans les sociétés demeurées à l'état primitif, elle est une perpétuelle réincarnée. Supprimée, elle recommence aussitôt à se développer. La révolution russe est venue juste à point pour le rappeler à ceux qu'égaraient sur ce point les divagations scientifiques d'une certaine école. Actuellement, la naïve ignorance du prolétariat et le sinistre égoïsme des milliardaires se sont accordés pour accélérer la concentration des capitaux en un petit nombre de mains. Ils seront ainsi plus aisés à confisquer, pensent les prolétaires ; on les défendra plus sûrement, se disent les ploutocrates. Double utopie. Groupés de la sorte, les capitaux attisent de plus en plus la haine sociale. Une fois saisis, ils tomberont en poussière et tout sera à recommencer. De la ruine collective accumulée sortira un nouveau travail d'accaparement individuel qui s'emploiera péniblement à réparer les pertes subies. Ce mécanisme est fatal. Il est, de plus, normal et fécond. C'est lui qui tient l'humanité civilisée en haleine. Le souci de gagner et de s'élever est le plus sûr antidote à la paresse animale, et plus nombreux sont les individus qui y réussissent, plus grand est le bénéfice de la collectivité. Ceci toutefois n'est exact que jusqu'à un certain degré. Franchi ce degré, le bénéfice de la collectivité s'infléchit rapidement. Le bien-être du grand nombre élève la moralité générale. Le luxe du petit nombre tend au contraire à l'abaisser. Il n'en fut pas toujours ainsi. Du temps que le luxe se traduisait par la satisfaction d'instincts esthétiques élevés, la collectivité pouvait en tirer profit d'une autre manière ; de beaux édifices, des œuvres d'art, des existences fastueuses mais régulières et localisées ne sauraient se comparer, au point de vue de la répercussion sur la moralité publique, avec la frénésie des automobiles, des colliers de perles et des dîners au restaurant qui synthétise les vulgarités coutumières du luxe actuel. Une société qui compterait une poignée de milliardaires et des foules de travailleurs sans ressources s'affirmerait probablement comme la plus vile et la plus rabaissée qui puisse être.

C'est pourquoi l'opération symbolique à laquelle se livrait Tarquin dans son jardin redevient d'actualité. Tarquin n'abattit point toutes les tiges fleuries pour les ramener au niveau des herbes à peine sorties du sol. Il se contenta de rogner celles qui dépassaient trop ouvertement leurs voisines. C'est là un geste délicat, puisqu'il comporte à la fois de la violence et de la mesure, c'est-à-dire le dualisme le plus difficile et le plus méritoire à réaliser pour l'homme. Il ne serait pas impossible d'y procéder pourtant. Dans son remarquable ouvrage posthume, Walther Ratheneau n'est pas loin de le conseiller à ses concitoyens. Ce milliardaire qui avait perdu la foi en la légitimité de ses milliards — et qui n'a pas été assassiné pour autre chose — eut la claire vision de son temps et le courage de s'en expliquer.

XII. LE SERVICE OUVRIER

La limitation légale des fortunes privées, seule manière d'en finir avec la lèpre ploutocratique qui ronge les assises des États européens, ne suffirait pas toutefois à assurer un avenir de paix sociale, car tout n'est point affaire de législation parmi les hommes, et la loi sans les mœurs ne vaut. Il faut encore avoir raison du préjugé millénaire qui place le travail manuel dans une situation constamment humiliée par rapport à l'intelligence et à la culture. Des dissertations n'y feront rien, car il est évident que ledit préjugé, qui s'explique par l'histoire, n'a plus, depuis longtemps, de raison d'être autre que l'intérêt matériel de ceux qui l'invoquent. Scientifiquement, il a perdu toute signification, l'hygiène savante ayant établi péremptoirement à la suite de l'hygiène empirique que les muscles et le cerveau, loin de s'opposer, s'équilibrent par l'exercice alternatif. Moralement, il n'en a jamais eu. Il était directement contraire à l'Évangile, mais il n'en est que plus instructif de constater comment le christianisme a dû s'en accoutumer et vivre avec lui sans oser le condamner par la suite, comme il l'avait fait au temps de la primitive Église. N'empêche que si l'on remonte le cours des âges, c'est à un chrétien, à l'un des plus grands qui aient vécu, à saint Benoît de Nursie, fondateur des Bénédictins, qu'il faut se reporter pour trouver la formule applicable à l'époque présente. En obligeant ses moines à manier l'outil, une partie du jour, et à mener le travail des bras concurremment avec celui de l'esprit, saint Benoît visait à préparer une élite de « régénérateurs de la vie ». Quatorze siècles ont passé ; la recette demeure la même. Mais c'est à tout le monde, maintenant, que doit s'appliquer le précepte donné par le célèbre religieux. On parle de « service civil » et, ce terme étant vague, beaucoup s'en emparent, comme d'un thème à paraphraser. Soyons plus nets et plus francs. C'est « service ouvrier » qu'il faut dire. Entendons par là le stage obligatoire à l'atelier, à l'usine, au chantier : stage dont la durée et les modalités peuvent varier selon les besoins de la communauté, mais dont le principe doit demeurer aussi immuable que celui du service militaire.

De l'un à l'autre, d'ailleurs, la différence n'est pas si grande. L'un a préparé à l'autre. Le soldat moderne n'apprend pas qu'à manier ses armes : la bêche et la pioche lui deviennent familières. Mais si la forme du travail, ici et là, se ressemble, il n'en est pas de même de l'esprit qui l'anime, car l'absence d'uniforme, de galons et de parade supprime toute analogie dans les effets produits. Le travail manuel en commun exercera, dès la première génération qui s'y trouvera soumise, une influence certaine d'apaisement et de compréhension réciproques. Aucun des préjugés qui obstruent actuellement la voie du progrès social n'y pourra résister.

XIII. LA RECONSTRUCTION PÉDAGOGIQUE

Enfin, rien ne vaudra en fait de réformes sans le concours d'une pédagogie entièrement renouvelée. La pédagogie européenne a trois méfaits sur la conscience. Elle a produit de l'ignorance internationale et, par là, sa responsabilité dans la guerre a été immense. Elle a produit de l'inintelligence individuelle et enfin de l'incompréhension sociale. En un mot, elle a fait faillite ; car ce n'est point la mission d'une pédagogie de se borner à engendrer une quantité de progrès matériels tels que la photographie en couleurs, le cinéma, la télégraphie sans fil, etc… : progrès qui facilitent et embellissent la vie et, comme tels, méritent qu'on les apprécie hautement et qu'on témoigne de la gratitude à leurs inventeurs mais qui ne constituent quand même que les accessoires de l'humanité dans sa marche en avant. Une pédagogie digne de ce nom se reconnaît à ce qu'elle répand de la clarté sur les ensembles, chasse les préjugés, unit les cœurs. Jadis, en Europe, les éducateurs tendaient à cela, mais ils ne se sont pas avisés à temps que, les circonstances ayant changé, il leur eût fallu changer aussi leurs méthodes.

Par exemple, au point de vue international, l'adolescent était tenu au centre d'une série de cercles concentriques sur lesquels on projetait de moins en moins de lumière à mesure qu'ils s'éloignaient de lui. Très renseigné sur ce qui le touchait de près, il ne l'était point sur le reste. Proche de lui la brume commençait, allant s'épaississant jusqu'à devenir compacte sur l'horizon. Or, le temps est venu, temps de démocratie cosmopolite, où non seulement les contacts internationaux se sont faits quotidiens et multiples, mais où, en raison des intérêts enchevêtrés, il s'est trouvé que la meilleure façon de servir son pays allait être désormais de bien connaître les autres pays. À partir de ce moment, les procédés pédagogiques en usage, — procédés de clocher, pourrait-on les appeler — sont devenus les plus grands pourvoyeurs de malentendus internationaux, parce qu'ils faussaient toutes les proportions et de chaque question en réalité prismatique faisaient une surface d'apparence plane.

Au dedans des frontières, les malentendus aussi naquirent, parce que le procédé synthétique, facile à appliquer au développement du cerveau quand les éléments de la synthèse étaient peu nombreux, ne pouvait plus fonctionner avec des éléments chaque jour plus nombreux. Alors on a dû se lancer dans le maquis des « bifurcations » qui ne sont que du spécialisme prématuré et, par là, frappé d'impuissance. On a distingué la formation scientifique de la formation littéraire ; et parmi les Sciences, les « naturelles » des « mathématiques », et parmi les Lettres, les Modernes des Anciennes. Ainsi on a fabriqué des intelligences parcellaires prenant chacune leur parcelle pour la totalité et ne se comprenant plus tout en croyant se comprendre, ce qui produit de toutes les collaborations la plus défectueuse et la plus dangereuse.

La muraille s'est alors haussée et épaissie entre la simplicité de l'enseignement primaire et la complexité des ordres suivants. Autrefois, le secondaire était un primaire qui avait « continué ». Celui qui n'avait pas continué pouvait du moins le suivre des yeux. Il savait à peu près où il allait. Rien de tel maintenant. La muraille est presque infranchissable mentalement. Elle a isolé le prolétariat de la bourgeoisie au point de vue intellectuel, sans doute pour la plus grande satisfaction des intérêts de classe de la seconde, mais pour le plus grand dam des intérêts de l'humanité.

Tout cela est parti d'Europe et l'Europe s'y tient avec une ténacité obscurantiste, sans vouloir se rendre compte de tout ce qui en est résulté de mauvais. Ailleurs, les effets s'en sont atténués. Dans les pays neufs ou rajeunis, bien des circonstances y ont aidé. Les hommes en ont bénéficié inconsciemment, mais la lumière se fera en eux, et l'Europe, au point de vue pédagogique, y perdra les derniers restes d'un prestige suranné. On conçoit donc que si elle veut restaurer ce prestige, il lui faille au préalable adopter une pédagogie nouvelle appropriée aux besoins d'une humanité en voie de complète transformation.

XIV

Telles sont les perspectives que j'entrevois pour l'Europe. On me trouvera volontiers subversif, mais j'ai l'habitude de regarder loin et de parler franc. Qu'on veuille donc m'excuser... Aussi bien je me demande s'il ne me faut pas, pour finir, recourir à l'amusante formule qu'employait un gouverneur des colonies qui n'avait guère confiance dans l'énergie sinon dans l'entendement des gens de la métropole. Lorsqu'il avait brièvement énuméré les mesures, souvent radicales, qu'il jugeait opportun de suggérer, il terminait, sans plus s'y attarder, par ces mots : « Voilà ce qu'il faudrait faire, mais comme vous ne le ferez pas, il est inutile que j'y insiste. »

J'ai grand'peur, hélas ! de devoir en dire autant.

ISBN : 978-1546992387

Pierre de Coubertin